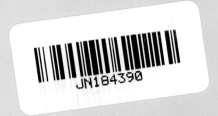

みんなのバリアフリー③

みんなでできるバリアフリー活動

監修／**徳田克己**（筑波大学教授）

みんなでできるバリアフリー活動

もくじ

わたしたちといっしょに考えましょう

徳田《とくだ》先生

社会のバリアフリーや、心のバリアフリーについてくわしい。

あらたくん

小学4年生。
勉強がきらいで、外で遊ぶのが好《す》き。バリアフリーについても、よくわからない。

みゆきちゃん

小学4年生。
本が好《す》きで、ヘレン・ケラーの本を読んで、バリアフリーに興味《きょうみ》をもつように。

相手の立場で考えよう

こんな経験《けいけん》はありませんか？

できないと決めつけてしまう

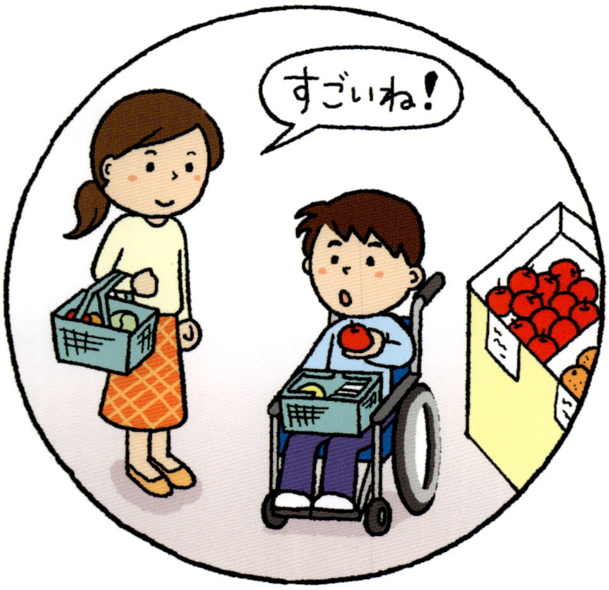

本人にとっては
日常的《にちじょうてき》なことなのに
「すごいね！」といってしまう

ついジロジロ見てしまう

3巻《かん》では、障害《しょうがい》がある人をサポートする方法《ほうほう》を学んでいきます。その際《さい》、悪気《わるぎ》はなくてもサポートする相手を困《こま》らせてしまうことがあります。

相手の身になって考えると……

もしも自分だったら、できないと思われて周《まわ》りの人がなんでもやってくれるのは困《こま》るなぁ。
できることは自分でやりたいと思う人もいるよ。
助けてくれてありがたいときもあるけれど、自分でやったほうが早かったり、じょうずにできたりすることもあるかも

自分では当たり前のことをしているだけなのに、「すごいね」なんていわれたくないかも。
すごくがんばっているわけじゃないことをほめられてうれしい人なんていないと思う。
「すごいね」が「かわいそう」に聞こえることもあるよね

「自分のことを見て、心の中でどんなことを思っているのかな？」って、気になっちゃうだろうなぁ。
知らない人からジロジロ見られたら、だれだって、落ち着かなくていやな気持ちになるはずだよ。「用があるなら話しかけてくれればいいのに」って思うよね

よかれと思ってやったことや、無意識《むいしき》にしてしまうことが相手に不快《ふかい》な思いをさせてしまうこともあるんだね。
障害《しょうがい》がある人をサポートする前に、どんなことに気をつけたらよいのか**「心がまえ」**について学んでいこう

サポートするときの心がまえ

1巻《かん》で学んだこともふまえて、サポートをするときに、相手に不快《ふかい》な思いをさせないためにはどんなことを心がけていったらよいかを考えましょう。

まずは声をかけてみよう

障害《しょうがい》のある人に出会ったとき、「何か手伝《てつだ》えることがあるかな？」と考えて、実際《じっさい》に行動するのは、とても勇気《ゆうき》のいることです。

でも、まちがった接《せっ》し方をしてしまうと、相手や自分が危険《きけん》な目にあうこともあるので、注意が必要《ひつよう》です。

視覚障害《しかくしょうがい》のある人をサポートする場合には、まずは声をかけることから始めましょう。相手にはこちらの姿《すがた》が見えないのですから、左のマンガのようにいきなり手をつかまれたらびっくりしてしまいます。

「こんにちは。ぼくは、小学〇年生の〇〇（名前）です。何かお手伝《てつだ》いできることはありますか？」と聞き、「横断歩道《おうだんほどう》を渡《わた》るのを手伝《てつだ》ってください」というようにたのまれてから、手伝《てつだ》うようにするといいでしょう。

急に身体にさわられると
びっくりしちゃうから、
必《かなら》ず声をかけてね
すみません

断《ことわ》られても落ちこまない

障害《しょうがい》のある人に勇気《ゆうき》を出して声をかけたにもかかわらず、断《ことわ》られてしまうこともあります。そんなときは、「どうして断《ことわ》られたんだろう」などと落ちこまないようにしましょう。

障害《しょうがい》のある人にとって、白杖《はくじょう》を使って歩くことや車いすで移動《いどう》することは、日常的《にちじょうてき》で慣《な》れていることです。わざわざだれかに手伝《てつだ》ってもらわなくても、自分でできることもあるし、自分でやりたいと思っている人がいます。

しかし、一度断《ことわ》られたからといって、手伝《てつだ》わなくてもいいんだと思わないでください。なかには、とても困《こま》っていて、手伝《てつだ》ってほしいと思っている人もいるからです。困《こま》っていそうな人を見かけたら、できるだけ声をかけ、断《ことわ》られても気にしない。これが、障害《しょうがい》のある人をサポートするときのポイントです。

サポートが必要《ひつよう》なこともあれば、
自分でできることもあるんだよ

あっ!
空いている席《せき》がありますよ。お座《すわ》りになりますか?
あ……
となりの車両がすいているのでご案内《あんない》しますね
次の日……
すみません! お手伝《てつだ》いしていただけます?
ハイ!
まず、これを運んで
そのあと、ここに行って
次にあれをやって
あと、ここにもお願《ねが》いね
えっ!
どうしよう……ピアノのレッスンにおくれちゃう～
重い……
助かるわ～♪

してほしいことは、人によってちがう

左のマンガの視覚障害《しかくしょうがい》のある人は、すいているとなりの車両に案内《あんない》されて、少し困《こま》った顔をしていますね？　なぜでしょう？

視覚障害《しかくしょうがい》のある人の中には、乗る車両をあらかじめ決めておき、駅に着いたときに自分のいる場所をわかるようにしている人がいます。それを知らずに、空いている席《せき》があるからといってたくさん移動《いどう》させてしまうと、もといた位《い》置《ち》がわからなくなり、目的地《もくてきち》に着いたときに降《お》りる場所がいつもとちがってしまい困《こま》ることがあるのです。それでも、相手が親切にしようとしてくれている気持ちを大切に考えて、断《ことわ》れない人もいます。

結果的《けっかてき》に相手を困《こま》らせることをへらすためには、「こうしたほうがいいだろうな」という勝手な思いこみをせずに、手伝《てつだ》ってほしいことを聞いてからサポートすることが重要《じゅうよう》です。

本当は決まったドアの決まった
場所に立っていたかったんだけど、
声をかけてくれたのに悪いかなぁと
思っちゃって断《ことわ》れなかったの

無理《むり》はしない（断《ことわ》ってもよい）

障害《しょうがい》がある人のほうから、お手伝《てつだ》いしてほしいといわれることもあるかもしれません。自分にできそうなことだったら、もちろん手伝《てつだ》ってあげるのがよいのですが、自分には難《むずか》しいことだったり、時間がなかったりするときは、無理《むり》をして手伝《てつだ》う必要《ひつよう》はありません。

障害《しょうがい》のある人からたのまれたら絶対《ぜったい》に断《ことわ》れないという発想は、心のバリアフリーに反する考え方です。自分ができる範囲《はんい》のことを手伝《てつだ》い、難《むずか》しそうだと思ったらはっきりと断《ことわ》りましょう。ただ、このとき、何もいわずに立ちさってしまうのは、障害《しょうがい》のある・なしにかかわらず失礼《しつれい》なので、「ごめんなさい。できません」といいましょう。

困《こま》ったときは、店員さんや駅員さんなど、近くにいる大人を呼《よ》んでくるのがいいでしょう。

時間がなくてできません。
ごめんなさい
いいえ！
ありがとう
ね!!

視《し》覚《かく》障《しょう》害《がい》
わたしたちが手助けできること

手伝《てつだ》ってほしいことは、人によってさまざまです。まずは、声をかけて聞いてみましょう。

声のかけ方

視覚障害者《しかくしょうがいしゃ》に声をかけるときは、まず、相手の正面に立って、あいさつをしましょう。正面から声をかけるのは、相手に話しかけていることをわかってもらうためです。それから、何かお手伝《てつだ》いできることがあるかどうかをたずねましょう。

何かお手伝《てつだ》いできることはありますか？
できることを聞く
近くで、なるべく正面から声をかける

動かないで話す

視覚障害《しかくしょうがい》のある人と話すときは、立ち止まって、できるだけ動かないようにしましょう。動いてしまうと、相手はどこから声がしているのかがわからず、混乱《こんらん》してしまいます。

相手を動かさない

話すときは、相手を動かさないようにしましょう。無理《むり》やりひっぱったりして動かしてしまうと、視覚《しかく》障害《しょうがい》のある人は位置《いち》を見失《みうしな》い、どの方向から来て、どの方向へ向かうのかがわからなくなります。

方向は具体的《ぐたいてき》に伝《つた》える

方向を伝《つた》えるときは、「あっち」「向こう」などのあいまいないい方をせず、「あなたの右」などのように、相手の位置《いち》を基準《きじゅん》とした具体《ぐたい》的《てき》な場所を教えるようにしましょう。

こんなときに声をかけよう

横断歩道《おうだんほどう》で信号《しんごう》が変《か》わったら……

今、
赤ですよ

信号《しんごう》が赤なのに渡《わた》ろうとしていたら、すぐに知らせましょう。青に変《か》わったときも教えてあげましょう。

駅で立ち止まっている視覚障害者《しかくしょうがいしゃ》がいたら……

お手《て》伝《つだ》い
しましょうか？

何かに困《こま》っているのかもしれないので、「こんにちは。何かお手《て》伝《つだ》いしましょうか」と、声をかけてみましょう。

バス停《てい》の列にならんでいたら……

列が動き
ましたよ

視覚障害《しかくしょうがい》のある人にとって、列が動いたことはわかりにくいので、声をかけましょう。

電車の中で席《せき》が空いたら……

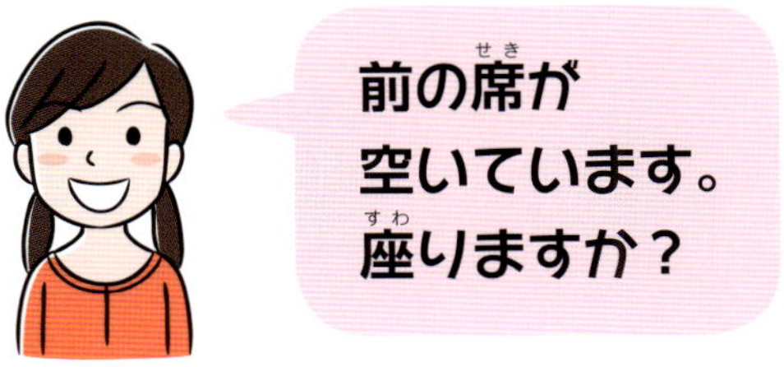
前の席《せき》が
空いています。
座《すわ》りますか？

視覚障害者《しかくしょうがいしゃ》は席《せき》が空いたことに気づきません。座《すわ》りたくない場合もあるので、このように声をかけましょう。

声のかけ方のよい例《れい》と悪い例《れい》

　視覚障害《しかくしょうがい》のある人が進もうとしている先に大きなものがあると、ぶつかるなどして危険《きけん》です。相手に伝《つた》わりやすい知らせ方の例《れい》を覚《おぼ》えておきましょう。

よい例《れい》
前に看板《かんばん》があります。
右へよけて！

悪い例《れい》
あぶない！
そっちによけて！

視覚障害《しかくしょうがい》

実際《じっさい》に手引きしてみよう

視覚障害《しかくしょうがい》のある人が、安全に目的地《もくてきち》へたどりつくことができるように案内《あんない》しましょう。

きほんの手助け

いきなり視覚障害《しかくしょうがい》のある人を手引きしようとしても、なかなかうまくいきません。まずは友だちどうしで練習してみましょう。視覚《しかく》障害《しょうがい》のない人どうしで練習する場合は、目を開けた状態《じょうたい》で行うようにします。

① 声をかける

まずは、視覚障害《しかくしょうがい》のある人の正面に立ち、「こんにちは」とあいさつします。そして、「わたしは、小学○年生の○○（名前）といいます。何かお手伝《てつだ》いできることはありますか？」とたずねましょう。

② つかまってもらう

「△△（場所）までつれていってもらえますか？」とたのまれたら、大人の場合は視覚障害者《しかくしょうがいしゃ》の白杖《はくじょう》を持つ手の反対側《はんたいがわ》に立ち、腕《うで》や肩《かた》につかまってもらいます。自分が大人を案内《あんない》するときなど、身長《しんちょう》差《さ》がある場合は肩《かた》に手を乗せてもらいましょう。

（きほんの姿勢《しせい》）

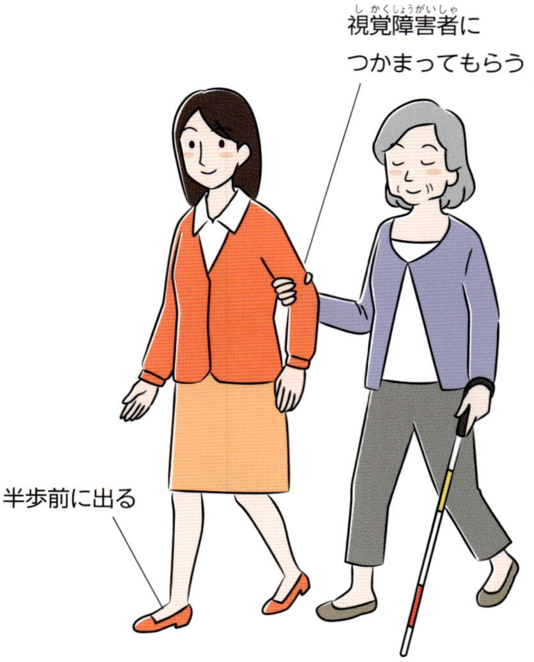

（身長差《しんちょうさ》がある場合）

3 誘導《ゆうどう》する

歩くときは、相手の歩幅《ほはば》やスピードに合わせるようにします。「今、銀行の前を通っています」などのように、どこを歩いているかを伝《つた》えてあげるとよいでしょう。「今日はお祭りがあって、人がたくさんいますよ」など、街《まち》の様子のほか、季節《きせつ》の変化《へんか》について教えてあげると喜《よろこ》ばれます。

4 別《わか》れるとき

別《わか》れるときは、階段《かいだん》や段差《だんさ》の前など、危険《きけん》な場所はさけます。そのとき、どっちからきて、今どこを向いているのかが相手にわかるよう、具体的《ぐたいてき》に伝《つた》えましょう。

別《わか》れるときは、「今、駅前にいて、正面に改札口《かいさつぐち》があります」といったように、わかりやすく状況《じょうきょう》を伝《つた》えよう

やってはいけない行動

誘導《ゆうどう》するときに、視覚障害《しかくしょうがい》のある人の身体を後ろからおしたり、白杖《はくじょう》をつかんでひっぱったりするのは、おたがいのケガにつながりかねない行動です。とても危険《きけん》なことなので、どんな状況《じょうきょう》でも、決してやってはいけません。

実際《じっさい》に手引きしてみよう

階段《かいだん》

身体が小さい人が階段《かいだん》を誘導《ゆうどう》するときは、視覚障害《しかくしょうがい》のある人の手を取り、「手すりはここです」と声をかけて、手すりをつかんでもらいます。先に立って歩き、「あと三段《だん》です」といったように状況《じょうきょう》を教えてあげましょう。

大人が誘導《ゆうどう》するときは、腕《うで》をつかんでもらい、先に立っていっしょに上がったり下りたりします。

エスカレーター

視覚障害者《しかくしょうがいしゃ》の手を取り、「手すりはここです」と声をかけて、手すりをつかんでもらってから自分もいっしょに同じステップに乗ります。そして、残《のこ》りの段《だん》が少なくなってきたら、「もうすぐ終わりです。1、2、3」のように声をかけていっしょに下りましょう。

大人が誘導《ゆうどう》するときは、手を取って手すりをつかんでもらったあと、自分が一段《だん》前に乗り、一段《だん》後ろに視覚障害《しかくしょうがい》のある人に乗ってもらいます。

ものを渡《わた》すとき

「ボールペンを渡《わた》します」のように、何を渡《わた》すかを先に伝《つた》えてから、視覚障害《しかくしょうがい》のある人の手に、渡《わた》すものをかるくあてるようにします。また、「ボールペンの芯《しん》が出ています」といったように、ものや形によっては、向きや状態《じょうたい》を説明《せつめい》します。

電車

電車とホームの間のすきまをまたいで電車に乗るときは、ドアの手前でいったん止まり、「これからすきまをまたいで、電車に乗ります」と伝《つた》えましょう。そして、視《し》覚障害《かくしょうがい》のある人に、つま先や白杖《はくじょう》ですきまの位置《いち》を確《たし》かめてもらいます。腕《うで》や肩《かた》をつかんでもらったまま、手引きする人が先に乗り、あとに続《つづ》いてもらいます。

すきまをまたいで、
電車に乗ります

ここがカードをタッチ
するところです

改《かい》札《さつ》口《ぐち》

改札口《かいさつぐち》では、視《し》覚障害《かくしょうがい》のある人の手を取り、カードをタッチするところへ手をもっていって教えてあげます。せまい改札口《かいさつぐち》では、２人がいっしょに通れるはばがないので、視《し》覚障害《かくしょうがい》のある人に先に通ってもらいます。

ごめんなさい、
わたしには難《むずか》しいです。
大人を呼《よ》んできましょうか

無《む》理《り》だと思ったら……

視《し》覚障害《かくしょうがい》のある人が困《こま》っているようだけど、自分では手伝《てつだ》うことが難《むずか》しいと思ったときは、無《む》理《り》をすることはありません。無《む》理《り》をすると、かえって相手や自分のケガにつながる場合があるからです。できないなと思ったら、周《まわ》りの大人を呼《よ》んできたほうがいいかを視《し》覚障害《かくしょうがい》のある人に聞いてみましょう。

聴《ちょう》覚《かく》障《しょう》害《がい》
わたしたちが手助けできること

聴覚障害者《ちょうかくしょうがいしゃ》とコミュニケーションを取る手段《しゅだん》を知りましょう。

声のかけ方

聴覚障害者《ちょうかくしょうがいしゃ》とコミュニケーションを取るときは、腕《うで》や肩《かた》に軽くふれて、まずは相手に気づいてもらってから、話しかけるようにしましょう。

聴覚障害者《ちょうかくしょうがいしゃ》は補聴器《ほちょうき》をつけていないと、周《まわ》りからは気づかれない場合が多いですが、あきらかに困《こま》っているような人がいたら、声をかけてみましょう。

声をかけるときは相手の視界《しかい》に入ってから

相手に自分の姿《すがた》が見えるところへ行ってから声をかけます。相手が気づいてないときは腕《うで》や肩《かた》に軽くふれて、相手に気づいてもらいましょう。

顔を見て相手にも口元が見えるように話す

聴覚障害者《ちょうかくしょうがいしゃ》は、相手の口元を見て、何をいっているのかを理解《りかい》しようとします。そのため相手の顔を見ながら、口元をかくさずに話すようにしましょう。

かんちがいがないよう注意して伝《つた》える

時間について話すとき、「1時（いちじ）」と「7時（しちじ）」は、口の動きがよく似《に》ていてまちがえやすいので、重要《じゅうよう》なことはメモや筆談などで伝《つた》えましょう。

通訳《つうやく》の人がいても聴覚障害者《ちょうかくしょうがいしゃ》に向かって話す

手話に訳《やく》してくれる通訳《つうやく》がいる場合でも、聴覚障害《ちょうかくしょうがい》者《しゃ》のほうを向いて話しましょう。話しかけている人の口の動きと手話の両方から理解《りかい》することもあります。

何人かで会話するとき

　3人以上《いじょう》で話すときは、聴覚障害者《ちょうかくしょうがいしゃ》に対し、だれが話しているのかを知らせる必要《ひつよう》があります。まず、話す人が手をあげ、聴覚障害者《ちょうかくしょうがいしゃ》に注目されてから話すようにしましょう。

　また、冗談《じょうだん》をいうなどして笑《わら》った場合は、なぜ笑《わら》ったのかが聴覚障害者《ちょうかくしょうがいしゃ》に伝《つた》わっているかを確認《かくにん》しましょう。自分のことを笑《わら》われたのではないかと誤解《ごかい》する人もいるからです。

話す人は手をあげる
わたしがこの前
スイミングプールに
行ったときね……

状況《じょうきょう》を説明《せつめい》する
今、笑《わら》ったのはぼくが
冗談《じょうだん》をいったからだよ

困《こま》っていたら声をかけよう

　駅で電車がおくれるなどの放送が流れていても、聴覚障害者《ちょうかくしょうがいしゃ》には聞こえません。そういうときは、話しかけたり、メモに書いたりするなどして、教えてあげましょう。

電車が5分おくれて
いるみたいです
○△えき

声かけをあきらめない

　勇気《ゆうき》を出して声をかけても、なかなか相手に伝《つた》わらないことがあるかもしれません。そういうときは別《べつ》の言葉にいいかえたり、メモに書いて見せたりするなど、別《べつ》の方法《ほうほう》で伝《つた》えることも考えてみましょう。あきらめずに伝《つた》えようとしているうちに、だんだん伝《つた》わっていきます。

ちゃんと伝《つた》えられる
かな……
ドキドキ

聴覚障害《ちょうかくしょうがい》

コミュニケーションの取り方

聴覚障害者《ちょうかくしょうがいしゃ》とコミュニケーションを取る、具体的《ぐたいてき》な方法《ほうほう》を知りましょう。

聴覚障害者《ちょうかくしょうがいしゃ》とコミュニケーションを取る方法《ほうほう》は、ひとつではありません。ここで紹介《しょうかい》する方法《ほうほう》をいくつか組み合わせて、相手にわかりやすく伝《つた》えることを心がけましょう。

ジェスチャー

ジェスチャーは、身振《みぶ》り手振《てぶ》りで物事を相手に伝《つた》える方法《ほうほう》です。慣《な》れないうちは、うまく伝《つた》えるのはなかなか難《むずか》しいので、友だちどうしで練習しておくとよいでしょう。

口話法《こうわほう》

聴覚障害者《ちょうかくしょうがいしゃ》にくちびるの動きを読み取ってもらう方法《ほうほう》です。声を出して話します。ゆっくり話すよりも、くちびるをはっきり動かすようにしましょう。ジェスチャーと組み合わせて使うと伝《つた》わりやすくなります。

（きほんの口の形）

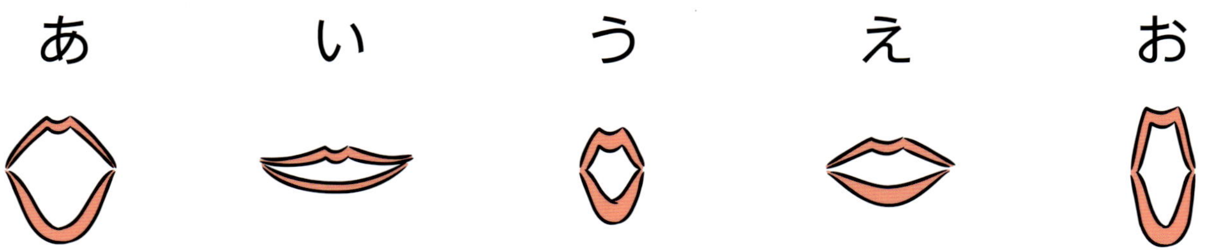

筆談（メモ）

筆談器《ひつだんき》やメモ用紙、携帯《けいたい》電話の画面などに書いて見せることで、聴覚障害者《ちょうかくしょうがいしゃ》とコミュニケーションを取ることができます。短い文章ではっきりと書くのが伝《つた》わりやすいポイントです。

よい例《れい》

絵を描《か》いた人は、その絵を
持って音楽室へ行く。
絵を描《か》き終えていない人は、
美術室《びじゅつしつ》へ行って絵を完成《かんせい》さ
せてから音楽室へ行く。

悪い例《れい》

まだ絵を描《か》き終えていない人
は美術室《びじゅつしつ》へ。でも、もうすぐ
描《か》き終わる人はそのまま描《か》き
つづけても、美術室《びじゅつしつ》に行って
描《か》いても、どちらでもいい。
完成《かんせい》した人は音楽室に行く。

補聴器《ほちょうき》

もともとの音声がはっきりしていないと、補聴器《ほちょうき》を使っても伝《つた》わりにくいことがあります。聴覚障害者《ちょうかくしょうがいしゃ》に近づきすぎたり、大声で話したりする必要《ひつよう》はないので、はっきりと話すことをいちばんに心がけましょう。

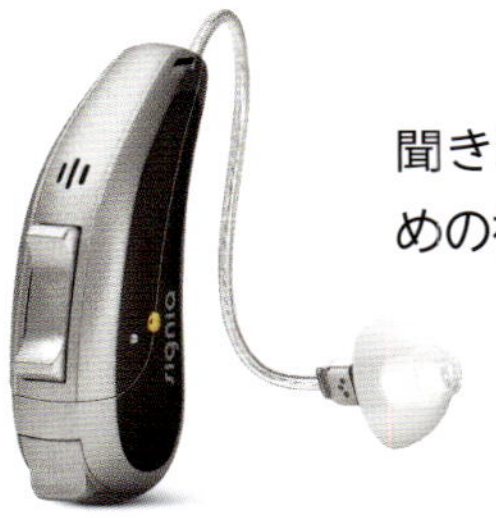

聞き取ることを補助《ほじょ》するための補聴器《ほちょうき》

距離《きょり》を保《たも》つ
はっきり話す。
大きな声は出さない
静《しず》かなところで

手話を覚《おぼ》えよう

すべての聴覚障害者《ちょうかくしょうがいしゃ》が手話を使っているわけではありません。しかし、手話を使う人にとっては大切な言葉なので、きほん的《てき》なものを覚《おぼ》えましょう。

おはよう

にぎった右手を、こめかみのあたりからそのまま下に下ろす（「朝」を表す）。そのあと、向かい合わせにした両手の人さし指をいっしょに曲げる（「あいさつ」を表す）。

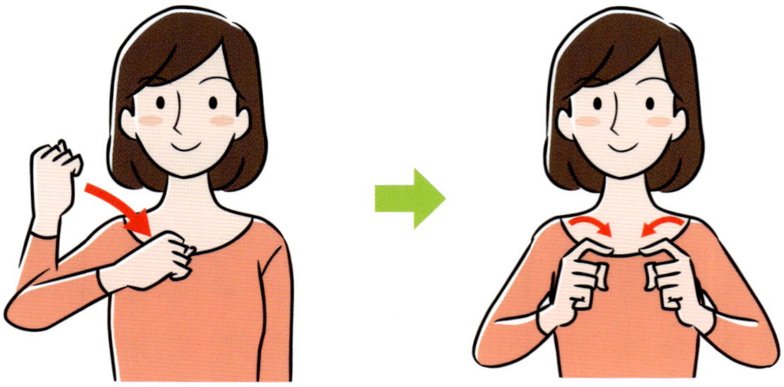

こんにちは

右手の人さし指と中指をのばした形をつくり、おでこの真ん中にあてる（「昼」を表す）。そのあと、向かい合わせにした両手の人さし指をいっしょに曲げる（「あいさつ」を表す）。

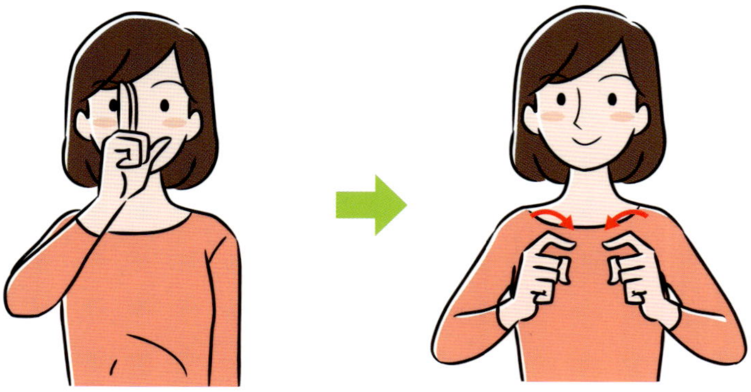

こんばんは

手のひらを相手に向け、両手を前で交《こう》差《さ》させる（「夜」を表す）。そのあと、向かい合わせにした両手の人さし指をいっしょに曲げる（「あいさつ」を表す）。

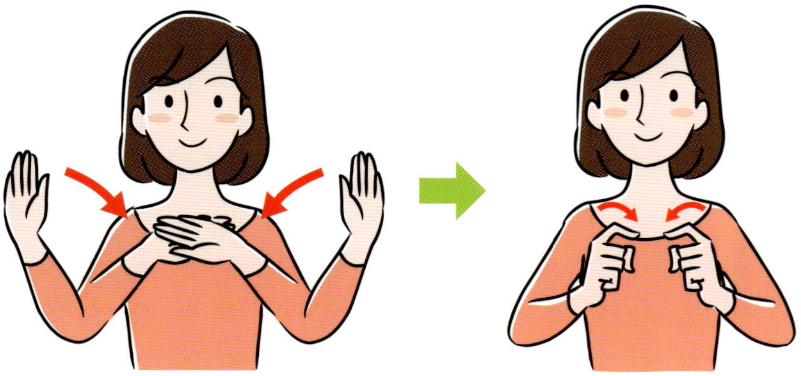

ごめんなさい

右手の親指と人さし指でものをつまむような形をつくり、それをまゆ毛とまゆ毛の間にあてる。そのあと、頭を下げながら、図のようにして右手を少し前に出す。

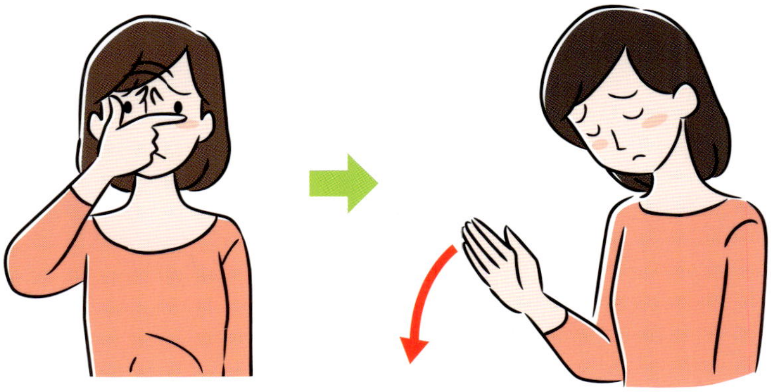

ありがとう

横にした左手の甲《こう》に右手を図のように乗せ、上に少しあげる。

さようなら

「バイバイ」をするときと同じように手をふる。

手話を使うときは表情《ひょうじょう》も重要《じゅうよう》です。感情《かんじょう》を表すときは、顔の表情《ひょうじょう》も意識《いしき》しましょう。また、手話と同時に声に出していうと、口の形も相手に読み取ってもらえます

指文字

指文字とは、指でいろいろな形をつくったものを、文字の代わりにしたもので、50音のほかに数字やアルファベットもあります。手話では表現《ひょうげん》できない言葉を、指文字を使って一字一字伝《つた》えます。手話と指文字を、いっしょに使うこともあります。

（あ行の指文字）

あ　い　う　え　お

肢体不自由《したいふじゆう》
わたしたちが手助けできること

肢体不自由《したいふじゆう》の人への手助けは、わたしたちにとっては難《むずか》しい場合もあります。

手助けの心がまえ

相手の目線で話す

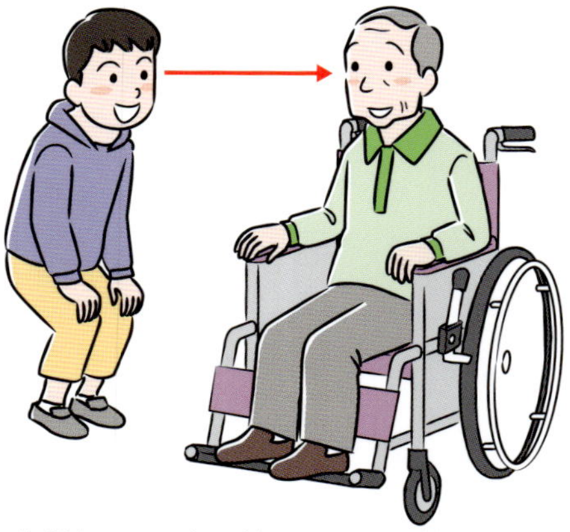

車いす利用者《りようしゃ》は、常《つね》に座《すわ》っている状態《じょうたい》なので、目線が低《ひく》くなります。少しかがむなど、相手の目線に合わせて話しかけるようにしましょう。

何をすればよいか、たずねる

何をすればよいか、確認《かくにん》してから行動するようにしましょう。困《こま》っていそうでも、勝手に何かしようとするのはNG《エヌジー》です。

無理《むり》はしない

車いす自体が重く、さらに人が乗っているので、動かすにはかなりの力が必要《ひつよう》です。安全を考えて、動かす場合は周《まわ》りの大人を呼《よ》びましょう。

肢体不自由《したいふじゆう》の人への手助けは、子どもにとっては難《むずか》しい場合もあります。
できることからはじめましょう

やってはいけないこと

勝手に車いすを動かす

車いす利用者《りようしゃ》に話しかける前に、勝手に後ろから車いすをおすのはとても危険《きけん》です。

強く手をつかむ

杖《つえ》をついて歩いている人の腕《うで》をいきなり強くつかむのは、バランスをくずしてしまうので、とても危険《きけん》です。

肢《し》体《たい》不《ふ》自《じ》由《ゆう》の人へのマナー

車いす利用者《りようしゃ》の前を横切らない

動いている車いす利用者《りようしゃ》の前を急に横切ると、相手をおどろかせてしまうだけでなく、ぶつかって事故《じこ》になりかねないので危険《きけん》です。

杖《つえ》を持つ人の近くで走らない

気をつけようと思っていても、近くで走りまわっていると、いきおいあまって杖《つえ》を持つ人にぶつかってしまうかもしれません。

肢体不自由《したいふじゆう》

こんなときに手伝《てつだ》おう！

肢体不自由《したいふじゆう》の人に対して、身体の小さいわたしたちにも手伝《てつだ》えることはいっぱいあります。きほん的《てき》に、まずは声をかけてから手伝《てつだ》います。

ものを落としたとき

車いすの利用者《りようしゃ》は、ものを落としてしまったときに自分で取ることが難《むずか》しいので、見かけたら拾って渡《わた》しましょう。

ドアの開け閉《し》め

肢体不自由《したいふじゆう》の人は、ドアを開けて通るのがたいへんです。ドアを通りそうな肢体不自由《したいふじゆう》の人を見かけたら、ドアを開け、通り過《す》ぎるまで待ちます。

高いところにあるものが取れない

車いす利用者《りようしゃ》は、店や図書館などへ行ったとき、高いところにあるものが取れません。困《こま》っている人がいたら手伝《てつだ》いましょう。

転んでしまったら起こすのを手伝《てつだ》う

杖《つえ》をついている人が転んでしまったら、立ち上がるのを手伝《てつだ》いましょう。ただし、無理《むり》はせず、難《むずか》しい場合はほかの人にも協力《きょうりょく》してもらうこと。

肢体不自由《したいふじゆう》 手助けのしかた

杖《つえ》を持っている人、車いすの人、それぞれの手助けのしかたを知っておきましょう。

杖《つえ》を持っている人への手助け

杖《つえ》を持っている人への手助けは、身体の大きさや体力の面でわたしたちが安全に行うことが難《むずか》しい場合もありますが、知識《ちしき》として覚《おぼ》えておきましょう。

階段《かいだん》を下りるとき

杖《つえ》を持っている人が階段《かいだん》を下りるときは、本人のななめ前に立ち、足元に注意しながら横向きにいっしょに下り、ふらついた場合などに身体を支《ささ》えます。

階段《かいだん》を上るとき

杖《つえ》を持っている人が階段《かいだん》を上るときは、ななめ後ろに立ち、足元に注意しながら横向きの姿勢《しせい》でいっしょに上り、ふらついた場合などに身体を支《ささ》えます。

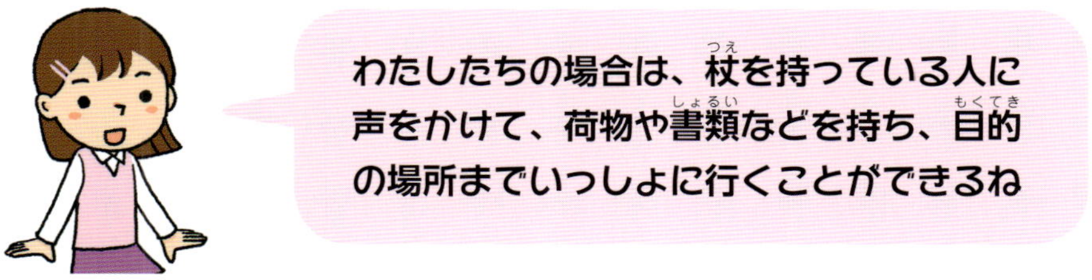
わたしたちの場合は、杖《つえ》を持っている人に声をかけて、荷物や書類《しょるい》などを持ち、目的《もくてき》の場所までいっしょに行くことができるね

自力で歩くことへの手助けを

杖《つえ》を持っている人は、ふだんから自力で歩いています。そのため、手助けというのは自力で歩かなくてすむようにすることではなく、自力で歩くのを手《て》伝《つだ》うことだというのを覚《おぼ》えておきましょう。

車いす利用者《りようしゃ》への手助け

車いす利用者《りようしゃ》への手助けは、身体の大きさや体力の面でわたしたちが安全に行うことは難《むずか》しいかもしれません。それでも、状況《じょうきょう》に合わせた正しい手助けのしかたは、知識《ちしき》として覚《おぼ》えておきましょう。

平地でのおし方（きほん姿勢《しせい》）

車いすの真後ろに立ち、ハンドグリップを両手でしっかりとにぎり、なるべく同じ速さでゆっくりおします。前後左右の様子に注意しながら進みましょう。

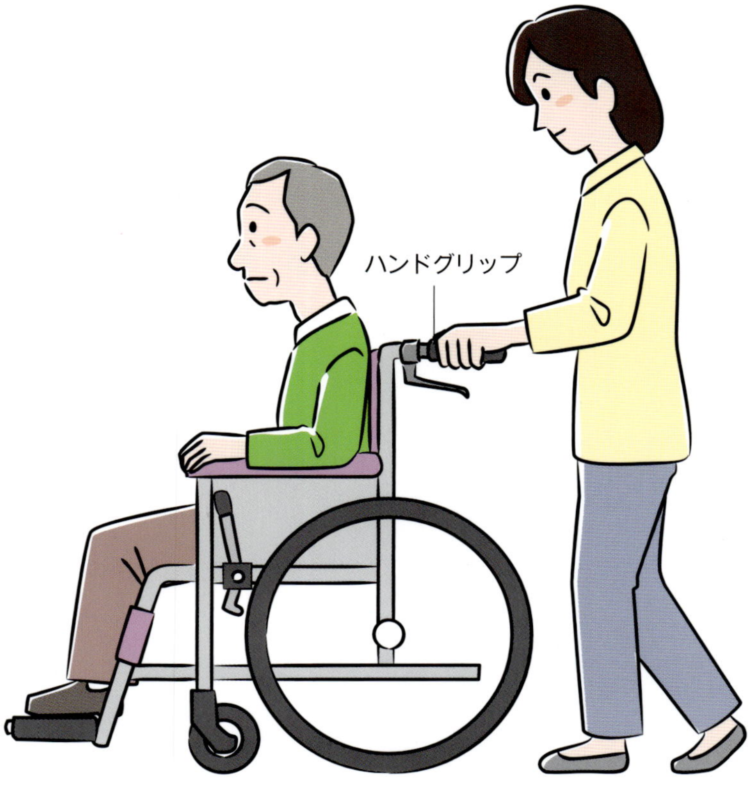
ハンドグリップ

上り坂を上っているときに、おしもどされてしまう事故《じこ》が多いので、十分に気をつけましょう

坂道の場合

上り坂では、一歩一歩確実《かくじつ》におし上げ、おしもどされないようにしましょう。下り坂の場合は、イラストのように進行方向と車いすの向きを逆《ぎゃく》にし、後ずさりするようにしながら下ります。

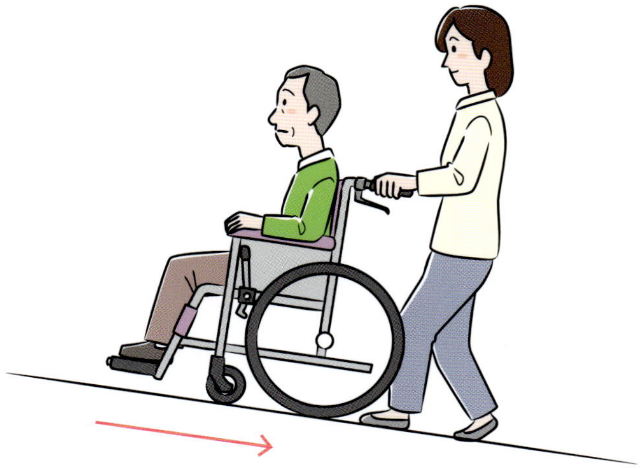

段差《だんさ》を上がるとき

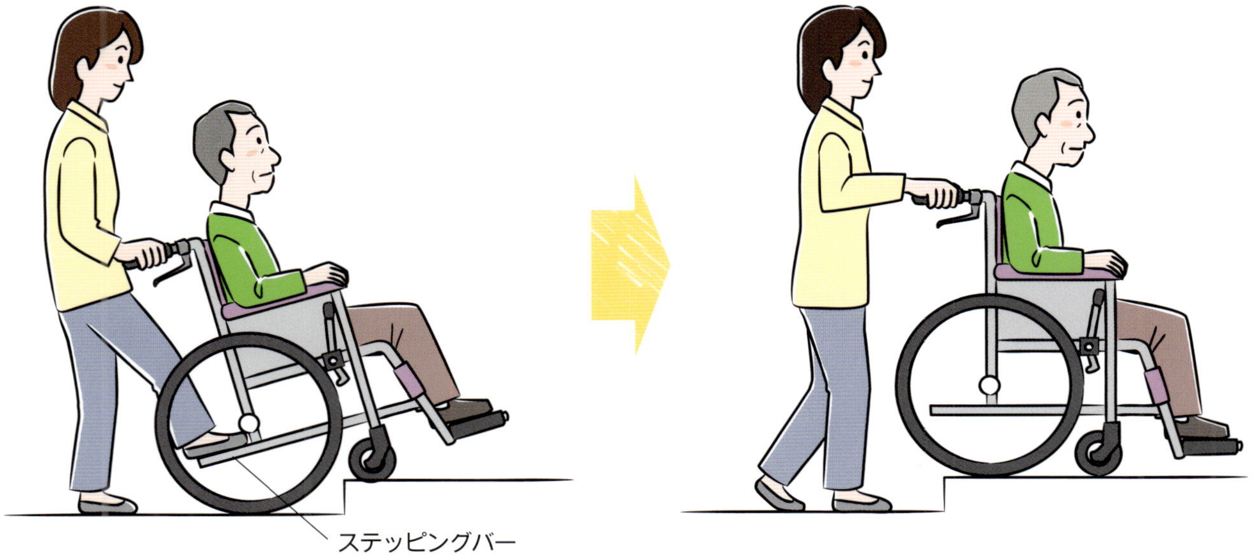

段差《だんさ》に差《さ》しかかる手前で、ステッピングバーをふみ、前輪《ぜんりん》をうかせます。ハンドグリップをしっかりにぎって、おし下げるようにしながら前へ進みます。

後輪《こうりん》が段差《だんさ》にぶつかったら、ハンドグリップを持ち上げるようにして、後輪《こうりん》を段《だん》の上に持ち上げます。

段差《だんさ》を下りるとき

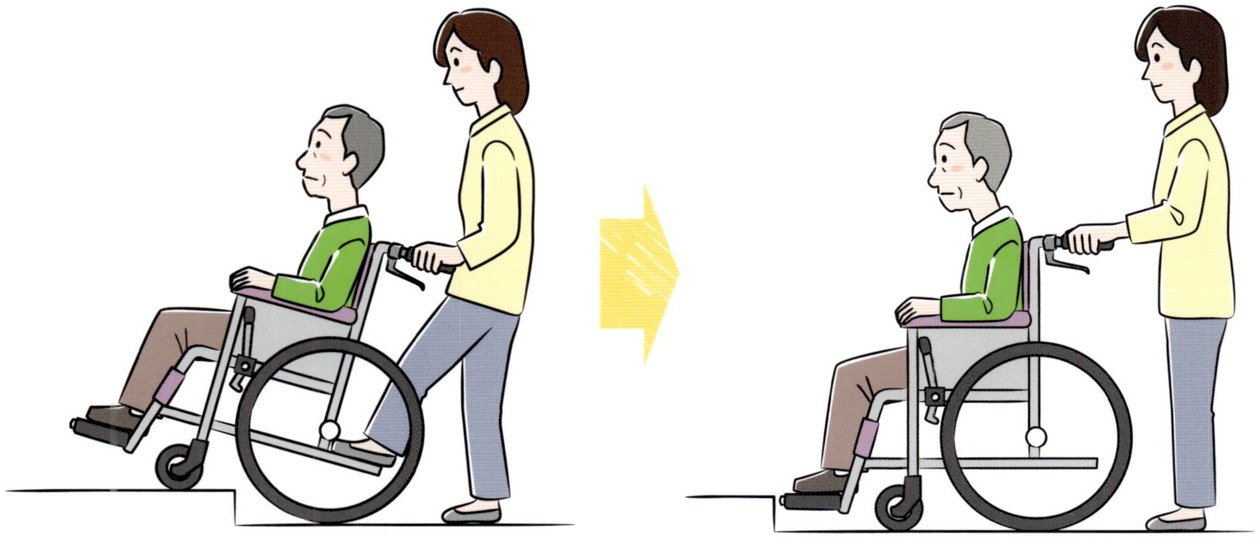

後ろ向きになり、ハンドグリップを持ち上げるようにして、後輪《こうりん》から下ろします。後輪《こうりん》が下りたら、ステッピングバーをふみ、前輪《ぜんりん》をうかせます。

前輪《ぜんりん》をうかせたままで後ろへ下がり、そっと下ろします。

高齢者《こうれいしゃ》・妊婦《にんぷ》

わたしたちが手助けできること

高齢者《こうれいしゃ》や妊婦《にんぷ》の状況《じょうきょう》に合わせた、正しい手助けのしかたを知っておきましょう。

高齢者《こうれいしゃ》への手助け

だれでも年齢《ねんれい》を重ねるにつれて、体力がなくなってつかれやすくなります。また足腰《あしこし》が弱まったり、視力《しりょく》や聴力《ちょうりょく》が弱まったりすることもあります。高齢者《こうれいしゃ》が困《こま》っていることを知り、できることから手助けしましょう。

電車やバスで席《せき》をゆずる

席《せき》がなくて立っている高齢者《こうれいしゃ》がいたら、「どうぞ」と声をかけて、席《せき》をゆずりましょう。高齢者《こうれいしゃ》は足腰《あしこし》が弱まっているので、助かります。

荷物を持つ

重そうな荷物を持っている高齢者《こうれいしゃ》を見かけたら、「お荷物、お持ちしましょうか？」と声をかけ、お願《ねが》いされたら持ちましょう。

たずねられたらはっきりと答える

高齢者《こうれいしゃ》は聴力《ちょうりょく》が弱まっている場合もあります。高齢者《こうれいしゃ》に道などをたずねられたときは、はっきりと答えるようにしましょう。

高齢者《こうれいしゃ》に声をかけて
断《ことわ》られても、
気にしなくていいんだって。
お願《ねが》いされたときに
手伝《てつだ》おう

妊婦《にんぷ》への手助け

おなかの中に赤ちゃんがいるお母さんは、つかれやすく、ゆっくりとしか動くことができません。マタニティマークをつけている人は、まだおなかが大きくなくても妊婦《にんぷ》ですから、電車で席《せき》をゆずりましょう。また、近くを走りまわってぶつからないように注意します。

マタニティマーク
➡2巻《かん》49ページ

マタニティマークをつけた人の周《まわ》りを走らない

内部障害《しょうがい》

わたしたちが手助けできること

内部障害《しょうがい》のある人の状況《じょうきょう》を知り、できることから手助けしていきましょう。

内部障害《しょうがい》があるかどうかは、見た目にはわからないことが多いので、街《まち》で出会って手助けするというのは難《むずか》しいものです。しかし、家族や友だちに、内部障害《しょうがい》があることを知っている場合は、席《せき》をゆずる、立ち話をしないようにするなど気を配りましょう。

電車やバスの優先席《ゆうせんせき》に若《わか》い人が座《すわ》っていても、内部障害者《しょうがいしゃ》の可能性《かのうせい》があることを知っておきましょう。

優先席《ゆうせんせき》に若《わか》い人が座《すわ》っていても、変《へん》な目で見ない

マンガでわかる!
心のバリアフリーのマナー

知らないうちにしてしまっていることで、困《こま》っている人がいるかもしれません。どんなことがあるか、マンガで見ていきましょう。

デパートで
トイレに行って
くるね
あっ！
広いトイレが
空いてる
ちょっと
待って！
あっ！
先生
多目的《たもくてき》トイレしか
使えない人のために
何ができるかな？
そっか
B 1 2 3 4 5 6
チン！
エレベーターが
来たよ！
お母さん急いで!!
あ……
そうね！
わたしたちは
次のエレベーター
で行こうか

30～31ページのマンガの中から

心のバリアフリーのマナーを解説《かいせつ》

点字ブロックの上に自転車をとめない（荷物を置《お》いたり、遊んだりしない）

点字ブロックは、視覚障害者《しかくしょうがいしゃ》がひとりで安全に歩くためにとても重要《じゅうよう》なものです。この先に危険《きけん》な場所がないか、まっすぐ歩いていっても大丈夫《だいじょうぶ》かなどの情報《じょうほう》を、でこぼこの形のちがいで表しています。視覚障害者《しかくしょうがいしゃ》は、このでこぼこのちがいを足のうらで確《たし》かめながら歩いているのです。

そこに、自転車や荷物が置《お》いてあると、視覚障害者《しかくしょうがいしゃ》がぶつかったり、つまずいたりして、ケガをしてしまうことがあります。

また、点字ブロックの上で立ち止まったり、遊んだりするのもマナー違反《いはん》です。友だちの中にこういうことをしている人がいたら、教えてあげましょう。

（点字ブロックについては、２巻《かん》の32ページを見よう）

ベンチをひとりじめしないでゆずり合う

公園などにあるベンチには、電車やバスとちがって優先《ゆうせん》席《せき》はありません。もちろん、子どもや若《わか》い人が座《すわ》ってもいいものですが、みんなでゆずり合う気持ちが大切です。

杖《つえ》をついている人、高齢者《こうれいしゃ》や妊婦《にんぷ》、小さな子どもをつれた人などがきたら、電車やバスで席《せき》をゆずるときと同じようにして声をかけましょう。

相手にわざわざ声をかけなくても、そっとベンチを立ってほかの場所へ移動《いどう》するだけでもいいのです。きんちょうして声をかけにくいというときは、さりげなく立つことから始めてみましょう。

ルールや決まりがなくても、ゆずり合う心が大切なんだね！

多目的《たもくてき》トイレは、なるべく使わない

多目的《たもくてき》トイレは、どんな人が使ってもよいものですが、車いす利用者《りようしゃ》やオストメイト、小さな子どもづれの人など、ほかのトイレを使えない人は多目的《たもくてき》トイレを使う必要《ひつよう》があります。

ほかのトイレを使うことができる人が、多目《たもく》的《てき》トイレを使ってしまうと、多目的《たもくてき》トイレを必《ひつ》要《よう》としている人がきたときに、空いていなくて困《こま》ってしまう場合があるかもしれません。

ですから、多目的《たもくてき》トイレでなくてもよい人は、なるべくほかのトイレを使うようにして、多目《たもく》的《てき》トイレを必要《ひつよう》としている人のために空けておくようにしましょう。

多目的《たもくてき》トイレを必要《ひつよう》としている人

車いす利用者《りようしゃ》

車いす利用者《りようしゃ》は、車いすを動かすために広いスペースが必要《ひつよう》です。また、車いすから便器《べんき》に移動《いどう》するための手すりを必要《ひつよう》としているので、一般的《いっぱんてき》なトイレを使うことができないのです。

オストメイト

人工肛門《こうもん》や人工膀胱《ぼうこう》を使用している人（オストメイト）は、パウチという袋《ふくろ》にうんちやおしっこをためています。パウチの中身を流すための設備《せつび》がある多目的《たもくてき》トイレを使う必要《ひつよう》があります。

盲導犬《もうどうけん》をつれている人

視覚障害者《しかくしょうがいしゃ》は、部屋が広すぎると手でさわって空間を知ることができないので、一般的《いっぱんてき》なトイレを使う場合が多いですが、盲導犬《もうどうけん》がいっしょの場合は広い場所が必要《ひつよう》なので多目的《たもくてき》トイレを使うことがあります。盲導犬《もうどうけん》は、飼《か》い主が指示《しじ》を出したときに、おしりにつけた袋《ふくろ》の中に、うんちやおしっこをするように訓練《くんれん》されています。

小さな子どもづれ

小さな子どもをつれた人は、外出先でもおむつを替《か》えるためのベッドを必要《ひつよう》としています。女性《じょせい》トイレには、このベッドがあるところも多いですが、男性《だんせい》トイレにあるところは少ないので、男性《だんせい》がおむつを替《か》える場合は多目《たもく》的《てき》トイレを使うことになります。

エレベーターに、われ先に乗らない

ほかにも待っている人がいるにもかかわらず、エレベーターに先を争《あらそ》って乗りこもうとする人がいます。しかし、エレベーターには、車いす利用者《りようしゃ》とそれを手助けする人、ベビーカーをおす人、高齢者《こうれいしゃ》や杖《つえ》をついている人など、階段《かいだん》やエスカレーターで移動《いどう》することが難《むずか》しい人たちを優先的《ゆうせんてき》に乗せてあげる必要《ひつよう》があります。そうした人たちを優先的《ゆうせんてき》に乗せてあげて、次のエレベーターに乗ったり、エスカレーターなどほかの移動手段《いどうしゅだん》を使ったりといった心づかいができるといいですね。

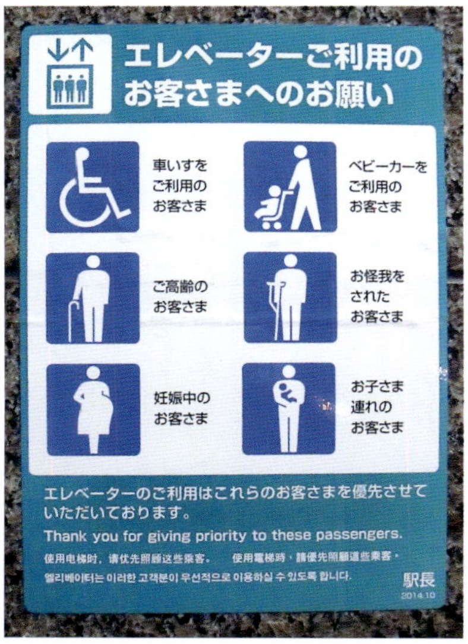

駅やデパートなど多くの人が使う場所で、優先《ゆうせん》マークがはられたエレベーターも増《ふ》えています。

街《まち》で
おとなしくて、
おりこうだね～
盲導犬《もうどうけん》はお仕事中
だから、話しかけたら
いけないのよ
そう
なんだ……
電車で
ありがとう
ございます
優先席
どうぞ
?
どうして、若《わか》い女の人なのに
席《せき》をゆずったの？
マタニティマークが
バッグについている
でしょ？
妊婦《にんぷ》さんだから
席《せき》をゆずったのよ
あっ……
そうか

駅で
ありがとう
エスカレーターを歩こうよ！
待って！
エスカレーターは歩いたらいけないよ
先生だ
ショッピングモールで
今日は混《こ》んでいるな～
おっ！あそこが空いているぞ
お父さん！
あそこは障害者《しょうがいしゃ》用駐車《ちゅうしゃ》スペースだからだめだよ！
ごめんなさい……

34～35ページのマンガの中から

心のバリアフリーのマナーを解説《かいせつ》

盲導犬《もうどうけん》に話しかけない

ハーネスをつけているときの盲導犬《もうどうけん》は仕事中で、とても集中しています。話しかけたり、ジロジロ見たり、さわったりすると、集中力が切れて、視覚障害《しかくしょうがい》のある人と安全に歩くことが難《むずか》しくなってしまいます。街《まち》の中で盲導犬《もうどうけん》を見かけても、そっと見守りましょう。

もし、困《こま》っているようだったら、盲導犬《もうどうけん》ではなく、つれている視覚障害者《しかくしょうがいしゃ》のほうへ「何かお手伝《てつだ》いできることはありますか？」のように声をかけます。また、信号《しんごう》が青になったのに歩きださない、赤になったのに渡《わた》ろうとしているのを見かけたら、「赤ですよ」「青にかわりましたよ」のように声をかけましょう。

優先席《ゆうせんせき》をゆずろう

高齢者《こうれいしゃ》や杖《つえ》をついている人に席《せき》をゆずる人は多くなりましたが、若《わか》い女の人がマタニティマークをつけているのに気づいて席《せき》をゆずれる人は多くはいないかもしれません。マタニティマークをつけている人は妊婦《にんぷ》です。おなかが大きくなっていないと気づかれにくいのですが、転ぶと赤ちゃんが危険《きけん》だったり、体調が悪かったりすることがあります。マタニティマークに気づいたら、席《せき》をゆずりましょう。マタニティマークは、持っているカバンなどにつけている人が多いようです。注意してみると、街中《まちなか》などでも見かけることがあります。

車いすスペースを空けよう

電車やバスの中には、車いすスペースとして、一部に座席《ざせき》のない広い空間が設《もう》けられています。車いす利用者《りようしゃ》がいないときは、大きな荷物を持った人がそこに置《お》いていてもいいのですが、車いす利用者《りようしゃ》が乗ってきたときは、すぐにスペースを空ける必要《ひつよう》があります。車いすを動かすためには、ある程度《ていど》の広さが必要《ひつよう》であることを理解《りかい》して、できるだけスペースを空けるようにしましょう。乗り降《お》りは、駅員やバスの運転手が手助けしますが、何か困《こま》っていそうなときは、声をかけましょう。

エスカレーターは歩かない

歩かない　走らない

エスカレーターは、危険《きけん》なので動いているときに歩いてはいけません。片方《かたほう》の手で手すりを持ち、立ち止まって乗るのが本来の正しい乗り方です。しかし、このことを説明《せつめい》する看板《かんばん》や放送が流れているにもかかわらず、正しい乗り方をしていない人がたくさんいます。特《とく》に関東《かんとう》では、エスカレーターの左側《ひだりがわ》は立ち止まって乗る、右側《みぎがわ》は歩く人のために空けておくのがルールのようになっていますが、これは安全の面から考えると、まちがった乗り方です。14ページで説明《せつめい》したように視覚障害者《しかくしょうがいしゃ》をサポートするときには同じ段《だん》に立つ必要《ひつよう》がありますし、肢体不自由《したいふじゆう》の人の中には、右手か左手のどちらかでしか手すりにつかまれない人もいます。エスカレーターを歩くことは、バリアフリーの考えにも反します。エスカレーターでは歩かず、手すりを持って立ち止まるようにしましょう。

駐車場《ちゅうしゃじょう》の障害者《しょうがいしゃ》用スペースを使わない

ショッピングモールなどの駐車場《ちゅうしゃじょう》が混雑《こんざつ》しているとき、空いているからといって障害者《しょうがいしゃ》用の駐車《ちゅうしゃ》スペースにとめてしまう人がいます。障害《しょうがい》がある人は、ほかの駐車《ちゅうしゃ》スペースよりも広い障《しょう》害者《がいしゃ》用のスペースでなければ、車の乗り降《お》りを安全に行うことができないので、この駐車場《ちゅうしゃじょう》が空いていないと、買い物ができないということになってしまいます。

混雑《こんざつ》していても、障害者《しょうがいしゃ》用以外《いがい》のスペースが空くまで待ち、障害者《しょうがいしゃ》用スペースはそこにしか駐車《ちゅうしゃ》できない人のために空けておいてください。

おうちの人が、障害《しょうがい》がないのに、障害者《しょうがいしゃ》用スペースへ駐車《ちゅうしゃ》しようとしていたら注意しましょう。また、このスペースに自転車を置《お》くこともやめましょう。

よく知らなくてやってしまっていたことや、意識《いしき》しないでうっかりやってしまっていたことがいくつかあったよ
これからは、自分以外《いがい》のほかの人のこともよく考えてから行動するようにしようっと
大人でも、知らなかったり、かんちがいしていたりすることがあると思うよ。正しいことを知ったみんなは、これからマナーを守っていこうね。大切なのは、ルールやきまりをつくることではなくて、相手の立場になって考えてみることだよ

学習ノート

障《しょう》害《がい》があって困《こま》っている人に自分はどんなことができる？

３巻《かん》では、わたしたちができるバリアフリー活動について学んできました。学んだことを生かして、自分で何ができるかを考えてみましょう。

● 次のようなときに、自分にできることを考えて書こう。

歩道の点字ブロックの上に自転車がとめられていた。

困《こま》る人はだれでしょう？

きみにできることは？

※本に書きこまず、コピーして使いましょう

図書館の入口のスロープの上に、大きな荷物が置《お》きっぱなしになっている。

困《こま》る人はだれでしょう？

きみにできることは？

電車が着くホームが変《か》わったというアナウンスが流れ、人が移動《いどう》をしたけれど、補聴器《ほちょうき》をつけた人だけ待っている。

困《こま》る人はだれでしょう？

きみにできることは？

※本に書きこまず、コピーして使いましょう

2020年　パラリンピックについて知ろう

2020年、オリンピックのあとに、パラリンピックが東京で開催《かいさい》されます。パラリンピックについて、正しい知識《ちしき》を覚《おぼ》えておきましょう。

パラリンピックとは？

パラリンピックは、障害《しょうがい》のある人のうち、それぞれの競技《きょうぎ》のトップアスリートたちが出場できる国際競技《こくさいきょうぎ》大会です。オリンピックの夏季《かき》大会と冬季《とうき》大会が行われる年に、オリンピックと同じ都市の同じ会場で行われることが原則《げんそく》として決められています。

聴覚障害者《ちょうかくしょうがいしゃ》は、パラリンピックに出場権《しゅつじょうけん》がないんだ
（→44ページ）

Parallel《パラレル》（平行）
＋
Olympic《オリンピック》（オリンピック）
↓
Paralympic《パラリンピック》（もうひとつのオリンピック）

パラリンピックの意味

もともとは車いすアーチェリー大会がはじまりだったので、下半身にまひがあることを指す「Paraplegia《パラプレジア》」と「Olympic《オリンピック》」を組み合わせ「Paralympic《パラリンピック》」とする考えでした。この言葉は、1964年の東京大会のときに日本で考えられ、1985年に国際的《こくさいてき》な正式名称《めいしょう》になりました。そのときから、「Parallel《パラレル》（平行）」＋「Olympic《オリンピック》」という意味をもつようになりました。

パラリンピックにもオリンピックと同じ競技《きょうぎ》がありますが、ルールは少しちがっています。

障害《しょうがい》のある人たちの特徴《とくちょう》を考えて、競技《きょうぎ》に取り組みやすく、試合《しあい》に集中できるようなくふうがなされているのです。

パラリンピックの開会式。

オリンピックとのちがい

同じ競技《きょうぎ》でも、パラリンピック競技《きょうぎ》の場合、ルールにどのようなくふうがあるのでしょうか。サッカーと柔道《じゅうどう》を例《れい》に見てみましょう。

ブラインドサッカー（5人制《せい》サッカー）

©JBFA

ゴールキーパーは目の見える人が担当《たんとう》しますが、フィールドにいるのは全員が全盲《ぜんもう》の選手《せんしゅ》です。

オリンピックのサッカーとのルールのちがいは？

- 全盲《ぜんもう》といっても個人差《こじんさ》があるので、公平を保《たも》つために光をさえぎるアイマスクをつける。
- ボールは転がると音が出る構造《こうぞう》で、選手《せんしゅ》はその音でボールの位置《いち》を知る。
- ボールを持った選手《せんしゅ》のところへ近づくときは、スペイン語で「行く」という意味の「ボイ」という言葉をかける。
- ゴールの裏《うら》に、声でボールや相手の位置《いち》などの情報《じょうほう》を伝《つた》えるガイドがいる。

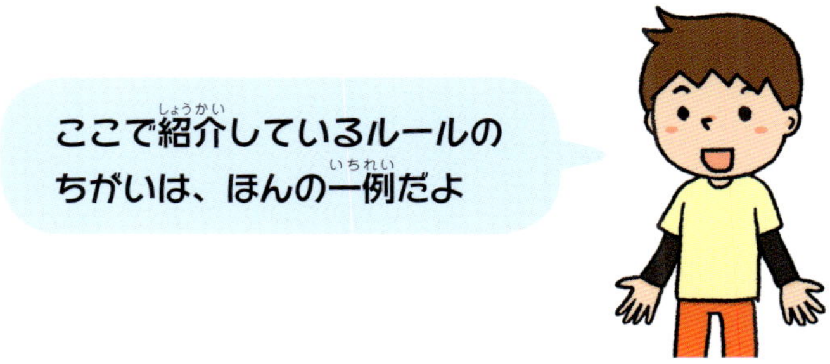
ここで紹介《しょうかい》しているルールのちがいは、ほんの一例《いちれい》だよ

柔道《じゅうどう》

パラリンピックの柔道《じゅうどう》は、視覚障害者《しかくしょうがいしゃ》どうしで試合《しあい》をします。障害《しょうがい》の程度《ていど》ではなく、体重別《べつ》で男子7階級、女子6階級に分けられています。

オリンピックの柔道《じゅうどう》とのルールのちがいは？

- たがいに組み合った状態《じょうたい》から試合《しあい》が始まる。
- 試合《しあい》中に相手とはなれた場合は、主審《しゅしん》が「待て」といって、試合《しあい》開始のときの場所にもどって、もう一度組み合った状態《じょうたい》になり、試合《しあい》を再開《さいかい》する。

技術《ぎじゅつ》の進歩により用具も進化

障害《しょうがい》のあるアスリートがより活躍《かつやく》できるように、用具も形や素材《そざい》をくふうし、進化をとげています。

義足《ぎそく》・義手《ぎしゅ》

◀それぞれの競技《きょうぎ》に合わせ、安定感やバランスを考えてつくられています。（義足《ぎそく》の走り幅跳《はばと》びのハインリッヒ・ポポフ選手《せんしゅ》）

車いすバスケットボール用の車いす

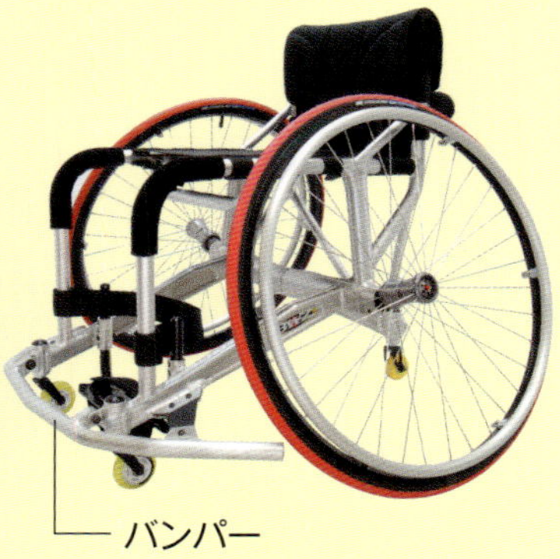
バンパー

▶ターンがしやすいよう、車輪《しゃりん》がハの字についていたり、ぶつかったときのショックをやわらげるバンパーが付《つ》いています。（車いすバスケットボールの豊島英選手《とよしまあきらせんしゅ》）

障害者《しょうがいしゃ》のための競技《きょうぎ》

パラリンピックでは、オリンピックにはない障害者《しょうがいしゃ》のための競技《きょうぎ》があります。代表的《だいひょうてき》な2つを紹介《しょうかい》します。

パラリンピックの競技《きょうぎ》❶

ボッチャ

ボッチャは、脳性《のうせい》まひなどによる肢体不自由《したいふじゆう》の人のために考案《こうあん》された、ヨーロッパ生まれのスポーツです。的《まと》となる白いボール（ジャックボール）へ向かって、それぞれ6個《こ》ずつボールを投げ、ジャックボールへ近づけられた数が多いほうが勝ちとなります。1対1で競《きそ》う個人競《こじんきょう》技《ぎ》のほか、ペア競技《きょうぎ》、3人で1チームとなるチーム競技《きょうぎ》があります。

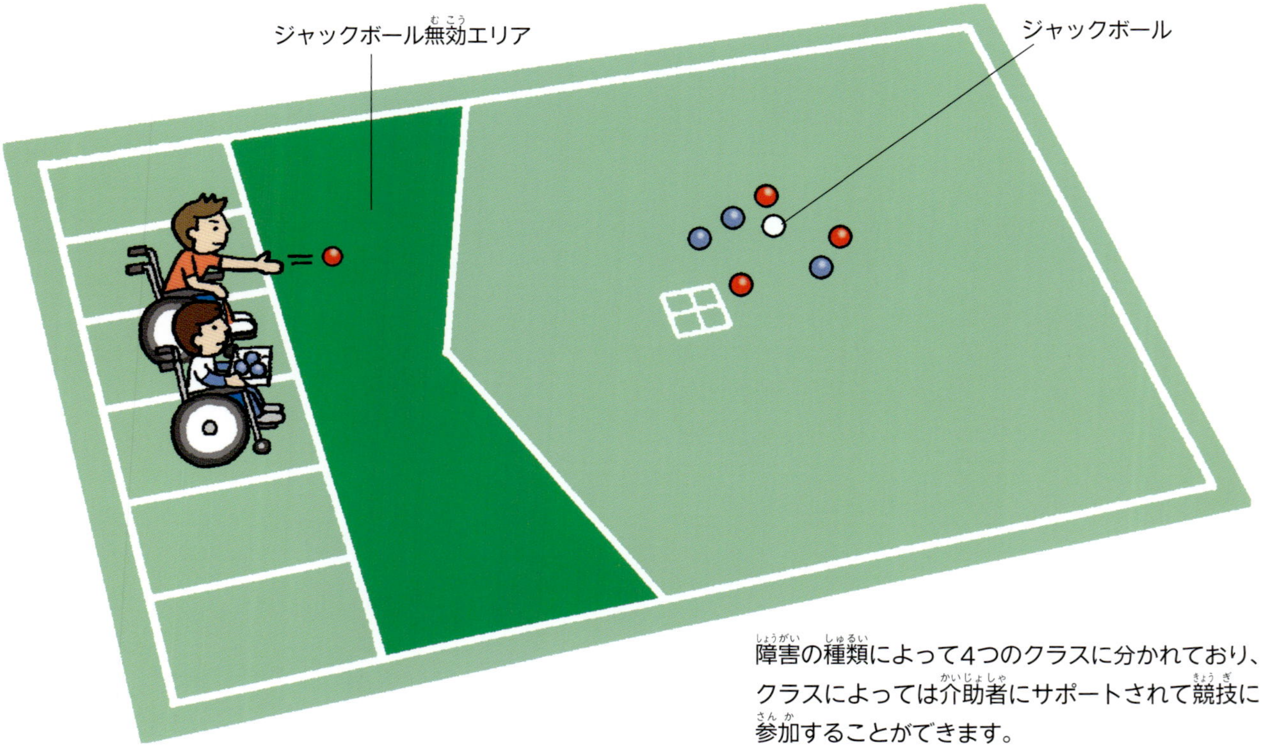

障害《しょうがい》の種類《しゅるい》によって4つのクラスに分かれており、クラスによっては介助者《かいじょしゃ》にサポートされて競技《きょうぎ》に参加《さんか》することができます。

ボッチャのボール

◀ボッチャに使うボール。表面のぬい目によって転がる軌道《きどう》が変《か》わります。

ランプ

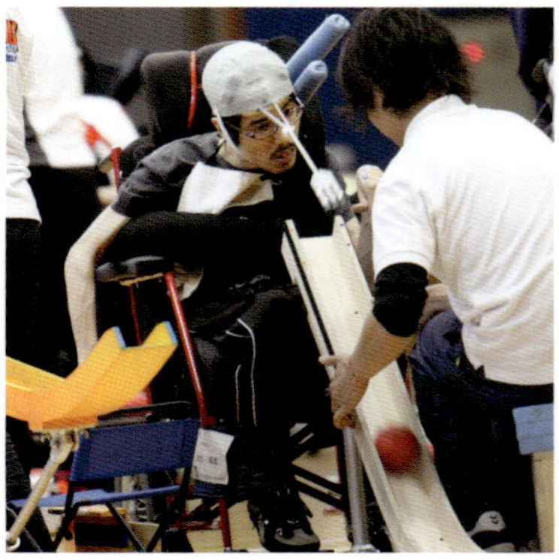

▶自分でボールを投げられない選手《せんしゅ》は、介助者《かいじょしゃ》にサポートされて、ランプと呼《よ》ばれる道具を使ってボールを投げます。

ゴールボール

　ゴールボールは、視覚障害者《しかくしょうがいしゃ》が男女別《だんじょべつ》で行う団体競技《だんたいきょうぎ》です。ボールを転がすようにして投げ合い、相手のゴールに入れると得点《とくてん》となります。ゴールキーパーは決めず、全員でゴールを守ります。エリアを分けるラインが重要《じゅうよう》になりますが、ラインの下には糸が入っていて、選手《せんしゅ》がふむとわかるようになっています。

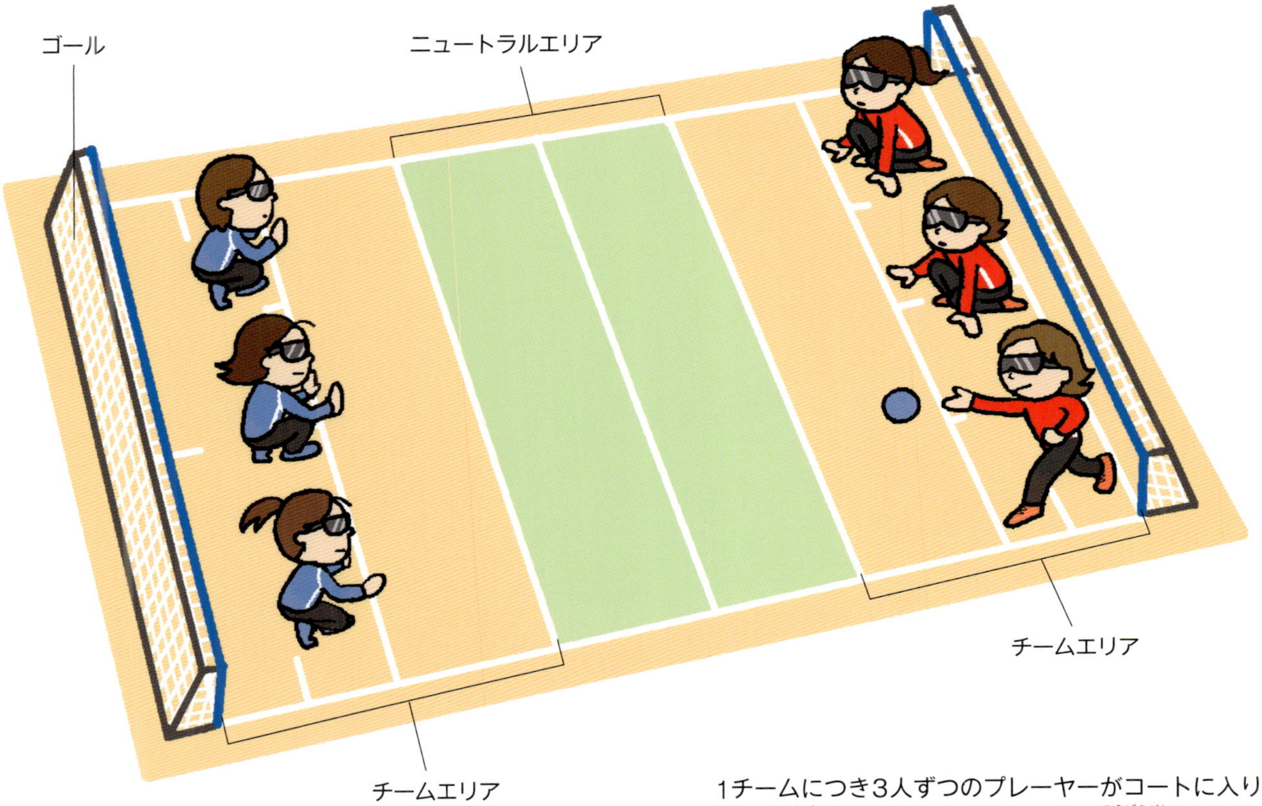

1チームにつき3人ずつのプレーヤーがコートに入ります。攻撃《こうげき》時にボールを投げるとき、攻撃側《こうげきがわ》のチームエリアと中央のニュートラルエリアの両方でバウンドしないと反則《はんそく》になります。

ゴールボールのボール

◀中に鈴《すず》が入っているので、その音を聞きながらボールの位置《いち》を確《かく》認《にん》することができます。

アイシェード

▲全盲《ぜんもう》といっても個人差《こじんさ》があるので、公平にするためにアイシェードをつけ、何も見えない状態《じょうたい》にします。

聴覚障害者《ちょうかくしょうがいしゃ》のための国際《こくさい》スポーツ大会

デフリンピック

デフリンピックは、聴覚障害者《ちょうかくしょうがいしゃ》のためのスポーツ大会です。４年に一度、夏と冬に開催《かいさい》されます。

デフリンピックの独創性《どくそうせい》

　デフリンピックでは、大会中のコミュニケーションがすべて手話で行われている点と、スタートなどの合図を音ではなく目に見えるもので表す以外《いがい》はオリンピックと同じルールです。デフリンピックの発足により、聴覚障害者《ちょうかくしょうがいしゃ》はパラリンピックには参加《さんか》できません。

デフリンピックは、
「deaf《聴覚障害》」と
「Olympic《オリンピック》」を
合わせてできた
言葉だよ

● デフリンピックのくふう

聴覚障害者《ちょうかくしょうがいしゃ》が競技《きょうぎ》に集中できるよう、さまざまなくふうがなされています。

水泳や陸上《りくじょう》では ランプで合図

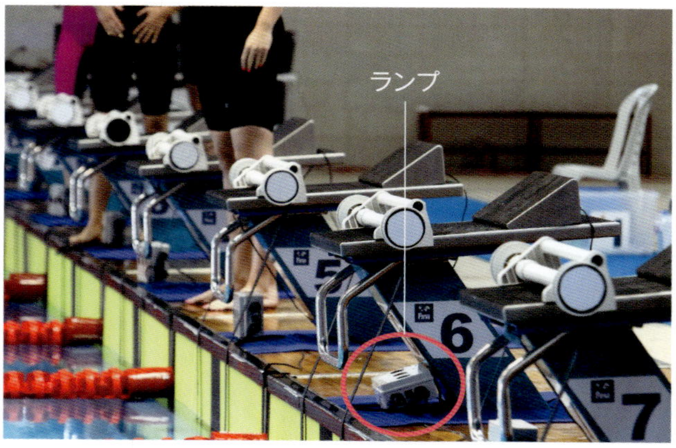
ランプ

デフリンピックの場合、スタートの合図は音ではなくランプの点滅《てんめつ》で知らせます。

サッカーでは主審《しゅしん》も フラッグ（旗《はた》）を持つ

デフリンピックのサッカーでは、主審《しゅしん》がホイッスルをふきながらフラッグも振《ふ》り、視覚的《しかくてき》にも聴覚的《ちょうかくてき》にも合図をおくります。

知的障害者《ちてきしょうがいしゃ》スポーツの取り組み

スペシャルオリンピックス

スペシャルオリンピックスは、知的障害《ちてきしょうがい》のある人たちにスポーツを楽しむことを知ってもらい、スポーツを通しての社会参加《さんか》を支援《しえん》する国際組織《こくさいそしき》です。

知的障害者《ちてきしょうがいしゃ》のスポーツ組織《そしき》

アメリカの故《こ》ケネディ大統領《だいとうりょう》の妹のユニス・シュライバーが、1968年に設立《せつりつ》しました。当時スポーツを楽しむ機会《きかい》が少なかった知的障害者《ちてきしょうがいしゃ》たちに、スポーツを通して社会参加《さんか》をしてもらうことを目《もく》的《てき》に、この組織《そしき》が生まれました。4年に一度、夏と冬に世界大会が開催《かいさい》されます。

スペシャルオリンピックスの組織名《そしきめい》は、日常《にちじょう》のトレーニングから世界大会まで、さまざまな活動が世界中で行われていることを指し、ロゴマークにもその思いがこめられています。

ユニファイドスポーツ

障害者《しょうがいしゃ》と健常者《けんじょうしゃ》がスポーツで協力《きょうりょく》

ユニファイドスポーツとは、知的障害《ちてきしょうがい》のある人とない人が同じチームで競技《きょうぎ》をする取り組みです。障害者《しょうがいしゃ》と健常者《けんじょうしゃ》が同じチームで競技《きょうぎ》をすることを通し、自然《しぜん》な交流が生まれ、おたがいの理解《りかい》が深まると注目を集めています。

© Special Olympics Nippon

障害者《しょうがいしゃ》スポーツに興味《きょうみ》をもったら調べてみよう！

日本パラリンピック委員会
http://www.jsad.or.jp/paralympic/index.html

デフリンピック啓発《けいはつ》ウェブサイト
https://www.jfd.or.jp/deaflympics

スペシャルオリンピックス日本
http://www.son.or.jp

スポーツを通して障害者《しょうがいしゃ》と
交流する場があれば、
おたがい理解《りかい》が深まるね

みんなのバリアフリー　全巻《ぜんかん》さくいん

監修

徳田克己（とくだ　かつみ）

筑波大学医学医療系教授、教育学博士、臨床心理士、筑波大学発ベンチャー企業の子ども支援研究所所長。専門は、心のバリアフリー（障害理解）、点字ブロック研究、発達障害のある幼児の育児・保育・教育。全国で発達相談、保育相談を行っている。心のバリアフリー、気になる子の育児・保育に関する著書や論文が多数ある。

イラスト　こんどうまみ、ひらのんさ
デザイン・DTP　高橋里佳（Zapp!）
文　たかはしみか
編集協力　株式会社スリーシーズン（伊藤佐知子、永渕美加子）
校正　株式会社鷗来堂

写真協力　アフロ、一般財団法人全日本ろうあ連盟スポーツ委員会、一般社団法人日本車いすバスケットボール連盟、NPO 法人日本視覚障害者柔道連盟、オットーボック・ジャパン株式会社、株式会社アポワテック、株式会社オーエックスエンジニアリング、株式会社チャンピオン、公益財団法人スペシャルオリンピックス日本、社団法人日本ユニバーサルボッチャ連盟、東京メトロ、特定非営利活動法人日本ブラインドサッカー協会

みんなのバリアフリー❸

みんなでできるバリアフリー活動

2018年4月初版　2020年5月第3刷

監修　徳田克己
発行者　岡本光晴
発行所　株式会社あかね書房
〒101-0065　東京都千代田区西神田3-2-1
☎03-3263-0641（営業）　03-3263-0644（編集）
https://www.akaneshobo.co.jp
印刷所　株式会社精興社
製本所　株式会社難波製本

ISBN978-4-251-09413-1 C8337

NDC 369
監修　徳田克己
みんなのバリアフリー <3>
みんなでできるバリアフリー活動
あかね書房　2020　48P　31㎝×22㎝

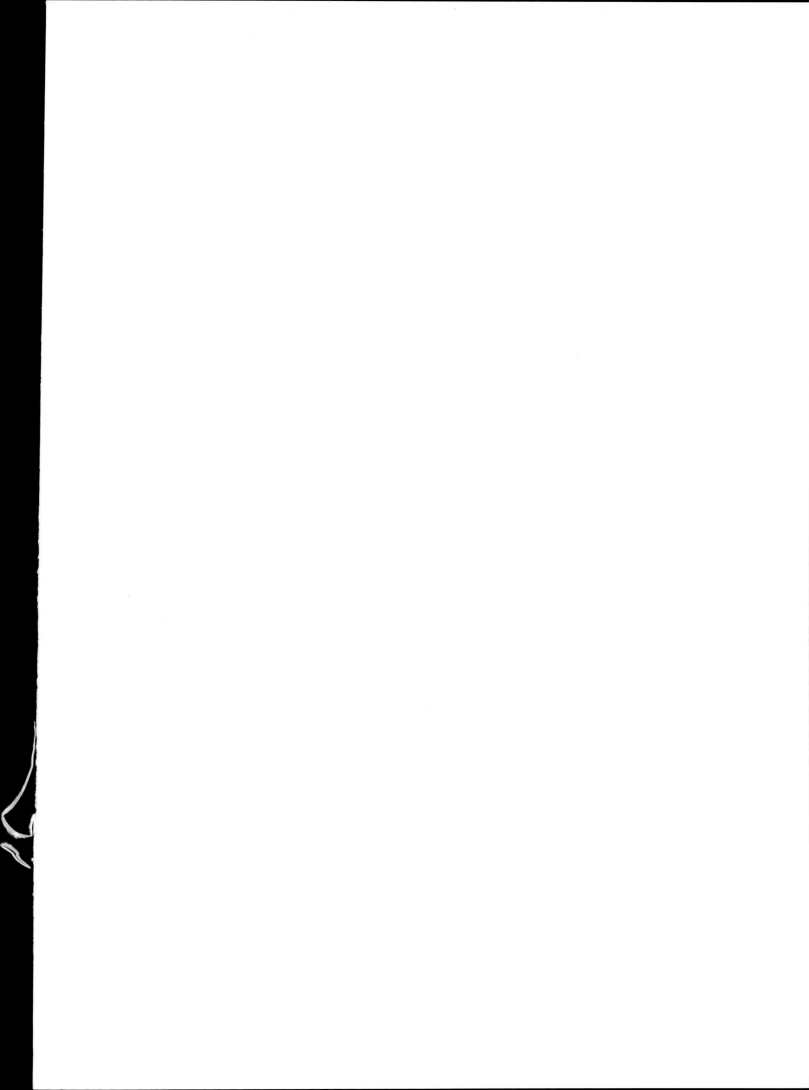

みんなのバリアフリー

監修／徳田克己（筑波大学教授）

1巻

「心のバリアフリーってなんだろう?」

自分の中の「心のバリア」を見つけて、バリアフリーの社会をつくろう。

2巻

「障害《しょうがい》のある人が困《こま》っていることを知ろう」

障害《しょうがい》のある人を理解《りかい》するために、障害者《しょうがいしゃ》がふだんどんな生活をしているのかを学ぶよ。

3巻

「みんなでできるバリアフリー活動」

障害《しょうがい》のある人とよい関係《かんけい》をつくれるように、正しくサポートする方法《ほうほう》を学ぼう。